WIDMUNG

Dieses Buch

ist all jenen gewidmet,

deren Selbstwert

durch manipulative Umgebung

welcher Art auch immer

verzerrt oder negiert wurde.

Im Besonderen gilt die Widmung

jenen, die die Organisation

der Zeugen Jehovas verlassen

und sich auf den Weg

der Selbstverwirklichung,

dem Weg zu sich selbst,

begeben.

INHALTSVERZEICHNIS

Autorin und Copyright Silvia Lackner   August 2018

Einleitung:
SELBSTWERT UND ZEUGEN JEHOVAS

Ich erkläre hier ausdrücklich, dass der gesamte Inhalt dieses Buches ausschließlich meine eigene, persönliche Meinung und Sichtweise beschreibt, zu der ich durch eigenes Erleben, persönliche Beobachtung, logischem Analysieren gelangt bin. Alle daraus gezogenen Schlussfolgerungen und gewonnenen Erkenntnisse, die ich hier wiedergebe, stellen keinen Anspruch auf absolute Richtigkeit dar und enthalten keinerlei Verbindlichkeit. Der Inhalt dieses Buches stellt keine Hetze gegen die Organisation der Zeugen Jehovas und/oder gegen den einzelnen Zeugen dar und ist frei von verleumderischer Absicht und unbegründeten Vermutungen.

Das Selbstwertgefühl wird geformt aus der subjektiven Bewertung und Wahrnehmung der eigenen Person und basiert auf der Bewertung der eigenen Persönlichkeit, Fähigkeiten und Kompetenzen in verschiedenen Bereichen. Es ist die Summe aller positiv und negativ bewerteten *Selbstbilder* einer Person.

Freilich wird bei jedem Menschen das eigene Selbstbild schon von Geburt an durch Familie und Umgebung geformt. Wer das Glück hat, in einer liebevollen Familie aufzuwachsen, wird ein anderes Selbstbild entwickeln als jemand, in dessen Familie Terror und Gewalt vorherrschend ist. Glücklicherweise wird das Kind aber zu einem – wünschenswerterweise – selbst-bewussten Erwachsenen, der in der Lage ist, jederzeit das eigene Selbstbild zu hinterfragen und zu analysieren. Und gegebenenfalls zu ändern. Je bewusster nämlich jemand wird (und mit dem Älterwerden geschieht das meistens), desto klarer werden die eigenen „Funktionsweisen", Verhaltensschemen und -muster. Wer daran interessiert ist, dem offenbart sich ziemlich leicht, woher bestimmte Aspekte der Selbstwahrnehmung kommen, wodurch das eigene Selbstbild grundlegend geformt wurde und wird sowie welche Ursachen für die aktuelle Selbstbewertung ausschlaggebend waren. Der Spiegel der Umwelt ist dabei eine wertvolle Hilfe, und den meisten gelingt es sehr gut, ihren Selbstwert positiv auszurichten (Negativanteile in der Einstellung zu sich selbst wird es immer (wieder) und bei jedem geben, aber bedenklich ist es, wenn diese überwiegen).

Meine Erfahrung als Zeuge Jehovas war krasse Unfreiheit in der Gestaltung meines Selbstwertgefühls. Als Zeuge wird man nämlich generell von außen bewertet. Die als höchste Instanz alles Existenten betrachtet, Jehova, bekommt das unumstößliche und absolute Recht, den Menschen zu bewerten. Von der Leitenden Körperschaft werden die Details geregelt und bereichsweise penible Vorgaben geschaffen, die die Bewertung des einzelnen noch verschärfen. Und diese Bewertungen (die grundsätzlich allesamt Negativbewertungen sind, mehr dazu jedoch weiter unten), übernimmt jeder Zeuge Jehovas, ob er das will oder nicht, ob es ihm bewusst ist oder nicht.

Deshalb strengen sich so viele an, „positiv" bewertet zu werden (von Jehova, der Organisation, den Mitbrüdern), denn nur wenn das Feedback entsprechend ist, können sie sich auch selbst positiv bewerten und sehen. Es ist wirklich krass, und wenn ich es nicht an mir selbst erlebt hätte, könnte ich es nicht glauben.

Als Zeuge Jehovas hat man kein natürliches Selbstwertgefühl, sondern ein durch und durch fremdbestimmtes, dem man permanent versucht zu entsprechen und bei dem jeder fast permanent versagt (denn das Idealbild erreicht so gut wie niemand).

Wie sieht dieses Idealbild der Zeugen Jehovas aus?

Kapitel 1:
SELBSTWERT UND
DER IDEALE ZEUGE JEHOVAS

Das Ideal, das jedem Zeugen Jehovas vorgegeben wird, ist ein Mensch, der sein gesamtes Leben, all sein Denken, Fühlen und Handeln, der Organisation und ihren Belangen widmet.

Als Zeuge Jehovas hat das echte Selbst keinen Wert. Es ist voller Makel, grundlegend unvollkommen und genau genommen gar nicht lebensberechtigt. Um lebensberechtigt zu werden, muss der Mensch Jehova dienen, seiner Organisation treu und loyal ergeben sein und sein komplettes Leben nach den Anforderungen (Gebote und Verbote) Jehovas (interpretiert von seiner Organisation) ausrichten. Für Individualität und das, was einen Menschen wirklich ausmacht, Kreativität, Spontaneität und persönliche Freiheit bleibt da kein Raum, und Derartiges ist auch nicht erwünscht. Der Wert eines Menschen wird daran gemessen, wie stark der Glaube ist (das heißt, wie sehr man für Jehova und seine Organisation engagiert, wie eng man sich an deren Regeln hält) und wie selbstlos, opferbereit und dienstbereit man ist.

Zwar wird offiziell gesagt, dass für Gott jeder Mensch wertvoll ist, jedoch ist das Verhalten ein anderes. Besonders der interne Umgang miteinander spricht eine andere Sprache. Vielfach war es in den Versammlungen, in denen ich eine Zeitlang war, so, dass nach außen hin alles sehr liebevoll und fürsorgend wirkt, und es sieht tatsächlich aus, als würde sich jeder um jeden kümmern, besonders für Menschen ohne tieferen Einblick. Intern jedoch gab es ein krasses Bewertungssystem: je weniger jemand in den Predigtdienst geht, sich auf die Zusammenkünfte vorbereitet und sich daran beteiligt, je weniger persönliches Studium jemand betreibt, je mehr Umgang jemand mit Weltmenschen hat (Menschen außerhalb der Organisation, egal ob Familie oder anderswo), je weniger jemand die Treffpunkte besucht oder überhaupt die Versammlungszusammenkünfte besucht, desto schwächer gilt er im Glauben. Und nur wer stark ist im Glauben, wird von Jehova anerkannt, hat seine unumwölkte Gunst und seinen Segen. Deshalb müssen die glaubensstarken Brüder und Schwestern die glaubensschwächeren auch immer wieder ermuntern, ihren Glauben zu stärken. Und es wird ständig daran erinnert, dass nur der, der stark im Glauben ist, Harmagedon überleben kann. Denn nur solche sind es wert, die anderen nicht.

Jetzt, im Nachhinein, sehe ich, dass jemand, der sich selbst in seinem grundlegenden Wesen (also ohne all den Vorgaben und Anforderungen zu entsprechen) wertschätzt, niemals die Gunst Jehovas erlangen kann, denn ein solcher Mensch zeigt dadurch nur, dass er egoistisch und egozentrisch ist. Das eigene, unbearbeitete Wesen wertzuschätzen, das geht als Zeuge Jehovas gar nicht.

Als idealer Zeuge ist man der Organisation gegenüber immer und jederzeit loyal und treu. Das macht einen besonders wertvoll. Bestehende Missverhältnisse werden niemals nach außen getragen, gleich welcher Art diese Missverhältnisse sein mögen, ob es leichte Vergehen oder schwerwiegende Vergehen sind. (Bei sexuellen Übergriffen auf Kinder zB wird dies maximal den Ältesten gemeldet.

Diese haben die Anweisung, solche Fälle in keinem Fall zur Anzeige zu bringen bzw. nach außen zu tragen. Es gilt bei der internen Behandlung eines solchen Falles die 2-Zeugen-Regelung, die die Organisation biblisch begründet. Das bedeutet, dass ein Fall nur dann Konsequenzen für den Täter hat, wenn es für diese Tat mindestens einen weiteren Tatzeugen gibt (das Kind gilt nicht als solcher), oder aber der Täter geständig ist. Da beides bei Kindesmissbrauch eher selten der Fall ist (und wenn doch, dann kommt es zu 99,9 % der Fälle mit Tatzeugen zu Falschaussagen des Mittäters), gibt es so gut wie nie Sanktionen für den Täter. Bei geständigem Täter wird dieser ausgeschlossen, einige Zeit später wird er aber, wenn es sein Wunsch ist, wieder in die Gemeinschaft aufgenommen und kann sein Spielchen fortsetzen.)

Der hochwertige, ideale Zeuge Jehovas würde niemals, NIEMALS gegen die Organisation agieren! Tut er's doch, ist ihm sein Ausschluss gewiss.

Das Zeugen-Idealbild kennt keine echten, spontanen Gefühle. Ich rede aus eigener Erfahrung. Laut dem Bibelbuch Jeremia ist das Herz des Menschen verräterisch und ihm ist keinesfalls zu trauen, weshalb es stets vom Verstand behütet im Sinne von „gezügelt" zu werden hat. Der Verstand wird gefüttert von Regeln und Vorgaben der Organisation (die angeblich von „Jehova" geleitet wird, wobei die Leitung der Organisation wiederum interpretiert, wer Jehova wirklich ist und wie das, was er selbst sagt [die Bibel] wirklich zu verstehen ist), und dieser Verstand hat das Herz zu beschneiden an allen Ecken und Enden, wo dies laut Organisationsleitung erforderlich ist.

Deshalb läuft die Aufforderung, Liebe zu leben, für den idealen Zeugen Jehovas in etwa so ab:

Eine Grundforderung der Zeugen Jehovas ist, den Nächsten zu lieben, und als Nachfolger Christi werden sie generell immer wieder angespornt, Liebe zu leben. Was Liebe „wirklich" ist, definiert die Leitung der Organisation bis in alle Einzelheiten, und ebenfalls ist definiert, wie sich echte Liebe anzufühlen hat. Der Zeuge füttert seinen Verstand mit diesen Informationen und befiehlt seinem Herzen, das zu fühlen, was es fühlen soll, um weiterhin in der Gunst Jehovas zu bleiben und nicht vielleicht etwas anderes als es darf zu fühlen.

Wenn das Herz aber dann doch mal etwas anderes fühlt als es vom Kopf aus fühlen dürfte, kommt es zu arger innerer Zerrissenheit und zu argen Schuldgefühlen. Man fühlt sich unwürdig, unwert, überhaupt nicht liebenswert und verachtet seine eigenen Empfindungen und mit der Zeit sich selbst im Gesamten. Das Herz verschließt sich mehr und mehr, so dass man mit der Zeit zu vielen Dingen nichts mehr fühlt.

Es dauert nicht lange, und das Herz des idealen Zeugen Jehovas ist minimalistisch klein geworden. Selbst seinen Mitgläubigen bringt er Liebe aus dem Kopf entgegen, denn er hat verlernt, *echt und spontan* zu fühlen.

Es klingt vielleicht übertrieben und abstrakt. Doch ganz genau so funktioniert der Prozess, ich kann's aus eigener Erfahrung bestätigen und habe es bei vielen, mit denen ich aufgewachsen bin, gesehen und sogar miterlebt.

Der ideale Zeuge Jehovas hinterfragt nichts, was von der Organisation kommt, oder forscht selbst nach, um sich von der Richtigkeit einer Schlussfolgerung oder Aussage zu überzeugen. Die Schlussfolgerungen bestimmter Lehren braucht er auch nicht nachvollziehen zu können, denn er glaubt bedingungslos dem „treuen und verständigen Sklaven" Jehovas, sprich, der Organisation, die von ein paar Männern, die behaupten, direkt von Jehova inspiriert zu sein, geführt wird. Wenn Lehren mit Bibelstellen erklärt werden, die aus dem Zusammenhang gerissenen und neu kombiniert sind, fällt dem idealen Zeugen das nicht auf, denn jedes Wort, jede Silbe, die die Organisation unterbreitet, ist 100 %ig wahr. Immer. Und jederzeit. Das war schon immer so und wird auch immer so sein.

Wenn die Organisation Lehren revidiert, dann ist es nur deshalb, weil das „Licht der Erkenntnis" kleinweise heller wird und der unwürdige Mensch niemals alles, was der große Jehova von sich gibt, verstehen kann. So gibt es immer nur nach und nach grünes Licht für Verständnis, wodurch sich die Lehren natürlicherweise von Zeit zu Zeit verändern. Der ideale Zeuge Jehovas glaubt dieser Argumentation der Organisation Wort für Wort.

Heute scheint es mir in höchstem Maße nicht nachvollziehbar, dass ich auch einmal so dachte, und noch viel weniger, dass ich davon völlig überzeugt war!

Der ideale Zeuge glaubt auch dann alles, was die Organisation sagt, wenn er es mit eigenen Augen anders sieht. Sein Selbstwert ist so weit gesunken, dass er in solchen Fällen von sich denkt, er kann eben die Dinge niemals so gut verstehen und klar sehen wie der treue und verständige Sklave – und er ignoriert, was er sieht, er weigert sich, es *(für) wahr zu nehmen*. Welch ein Glück für die Organisation!

Als idealer Zeuge folgt er der Aufforderung der Organisation, über die „Wahrheit" BEI JEDER GELEGENHEIT (ob passend oder nicht, ob geschätzt oder nicht etc) zu reden. Dass er oft verspottet und abgelehnt wird, das macht ihm nichts aus, denn er spürt ja schon lange nichts mehr, und wenn doch, dann ist es für ihn nur die Bestätigung, dass es wirklich die „Wahrheit" ist. Dabei fühlt er sich wertvoll, bzw. hat er einen Grund, sich vollwertig zu fühlen. Denn sagte Jesus nicht selbst, dass seine wahren Jünger von der Welt verspottet und verfolgt werden? Ja, das tat er, und die Organisation interpretiert da noch hinzu, dass genau das einer der Gründe sei, warum die wahre Dienerschaft Jehovas nur unter sich glücklich und zufrieden sein kann.

Wie praktisch das doch ist! Der ideale Zeuge Jehovas braucht selbst niemals über den Tellerrand schauen, denn da draußen ist sowieso alles nur böse und verabscheuungswürdig und vernichtenswert, darum strengt er sich noch mehr an, der IDEALE ZEUGE JEHOVAS zu sein.

Nur dann, wenn man als Zeuge Jehovas allen Anforderungen gerecht wird, immer treu und gehorsam ist, alles an Zeit und Kraft, das man zur Verfügung hat, Jehova und seinem Dienst widmet, dann fühlt man sich wertvoll, vollwertig, man fühlt sich gebraucht und (wert-)geschätzt.

Kapitel 2:
GESUNDER SELBSTWERT

Wenn jemand einem Menschen mit gesundem Selbstwert wiederholt vermitteln möchte, dieser sei ein grundlegend unwertes, nicht liebenswürdiges, weil unvollkommenes und ständig-schuldiges Wesen, das ohne die Hilfe eines „höherwertigen" Wesens nur verdammt und vernichtenswert ist, erkennt dieser Mensch mit gesundem Selbstwert sofort das Problem des anderen: er hat Null Selbstwert.

Ein Mensch mit gesundem Selbstwert wird sich niemals lange bei Menschen ohne Selbstachtung aufhalten. Er wird ihnen maximal die Wichtigkeit aufzeigen, sich selbst zu achten und die anderen in ihrer eigenen verächtlichen Welt belassen. Es ist meist nämlich so, dass Menschen, die sich selbst nicht achten, auch achtlos über andere und anderes reden, und bei vielen ist das sogar ihr Hauptthema. Doch jemand, der sich selbst schätzt, weiß, was gut für ihn ist und was nicht, und wer sich schätzt, pflegt sich auch (auf jeder Ebene) selbst. Was wir schätzen, darauf passen wir auf.

Wer gesunden Selbstwert hat, hat immer auch gesunde Selbstachtung. Umgekehrt ist es allerdings nicht immer so. Ich kann nur schätzen, was ich achte, aber etwas oder jemanden zu achten heißt noch lange nicht, dass ist dieses oder diesen auch schätze.

Gesunder Selbstwert entscheidet selbst, was etwas wert ist oder eben nicht. Das heißt nicht, dass jemand mit gesundem Selbstwert etwas oder jemanden allgemein gültig bewertet in „das/der ist wertvoll" oder „das/der ist wertlos". Er stellt immer einen Bezug zum eigenen Selbst her, und da ein solcher Mensch sich selbst grundsätzlich als wertVOLL betrachtet, lässt er freilich nur das an sich heran, das für ihn ebenfalls hochwertig ist. Gesunder Selbstwert ist ein Einstellungs-Level, unter das ein solcher Mensch eher selten, wenn überhaupt, drunter geht. Und er lässt auch eher selten bis gar nicht zu, dass andere ihn unter seinem eigenen Level behandeln.

Ein Mensch, der sich selbst positiv bewertet, spürt instinktiv, dass es nicht stimmen kann, wenn andere ihm weismachen wollen, er sei grundlegend wertlos. Deshalb funktionieren viele Manipulationstechniken bei ihm nicht. Er lässt sich selten ein auf Machtspiele, denn er weiß, dass er nicht etwas tun muss oder einer Anforderung entsprechen muss, um wertvoll zu sein – er ist es sowieso, von Natur aus, grundsätzlich.

Menschen mit gesundem Selbstwert verhalten sich in Gesellschaft oft frei und ungezwungen, vielfach erlebe ich sie als sehr herzlich und offen. Sie haben wenig bis keine Angst vor der Bewertung oder dem Urteil anderer, denn oftmals kommen sie gar nicht auf die Idee, dass andere sie irgendwie negativ oder ungut bewerten können. Sie nehmen sich ja selbst als grundlegend wertvoll wahr, warum sollten andere das nicht tun?

Solche Erlebnisse zeigen einmal mehr: so wie wir uns selbst betrachten und behandeln, so betrachten und behandeln uns auch andere.

Denn entsprechend dem, was wir ausstrahlen, werden wir behandelt. Strahlen wir Selbstachtung und Wertschätzung aus, kommt genau das auf uns zurück, geht gar nicht anders.

Inwieweit können Zeugen Jehovas ihr Leben in natürlichem, gesunden, positiven Selbstwert leben?

Kapitel 3:
DER BETRUG

Wie schon in der Einleitung erwähnt, wird man als Zeuge Jehovas generell von außen bewertet, also von Jehova selbst, wie es die Leitende Körperschaft eben interpretiert, als verbindlich lehrt und in auszulebende Vorgaben detailliert. Was die Organisation lehrt und sagt, ist für den Zeugen unumstößlich verbindlich, es ist praktisch das direkte Wort Gottes selbst (in seiner eben für uns unvollkommenen und dümmlichen Menschen verständlichen Weise).

Das echte Problem dabei ist nur, dass diese angeblich von Jehova ausgehende Bewertung des Menschen an sich grundlegend negativ ist:

- Jeder Mensch wird ohne Ausnahme in Sünde (die den Tod verdient) geboren;

- Kein Mensch kann ohne Annahme des Loskaufsopfers Jesu Christi (Jehova hat in seiner unendlichen Güte und Liebe zu den Menschen seinen eigenen Sohn geopfert, damit die Menschen das Recht zu leben haben) gerettet werden und leben;

- Das Leben, das die Menschen jetzt führen, ist nur ein Abklatsch des „wahren" Lebens und hat in dieser Form keine Bedeutung. Kein Mensch kann in diesem jetzigen erbärmlichen Leben also etwas für die Menschheit Wertvolles und wahrhaft Gutes tun, wenn er nicht „in der Wahrheit" ist und „für die Wahrheit" lebt. Das heißt, alles was Menschen außerhalb dieser Wahrheit tun, ist wertlos und nichtig, hat keinerlei Bedeutung und ist völlig unnötig, denn das wahre Leben kommt erst im Paradies. Bis dahin hat nichts einen Wert außer man lebt der „Wahrheit" entsprechend (tut alles, was Jehova sagt und wie die Organisation es interpretiert/auslegt);

- Der Mensch an sich ist ein nichtiges, unvollkommenes und äußerst instabiles Wesen. Wertvoll in Jehovas Augen macht ihn erst das Bearbeiten des Selbst: Von all seinen ursprünglichen, naturgegebenen Eigenschaften, Anlagen und Fähigkeiten hat alles Unerwünschte ausgerottet zu werden und nur die erwünschten Eigenschaften und Anlagen dürfen ausgebaut und veredelt (perfektioniert) werden. Aber mehr noch ist es das Erwerben gottgefälliger Eigenschaften (wie Treue, Ergebenheit, Unterwürfigkeit, Selbstlosigkeit, Selbstverleugnung, Entsagung, Disziplin, Gehorsam, Opferbereitschaft etc), die den Menschen wertvoll machen und zu einem Gott annehmbaren Geschöpf machen;

- Wertvoll ist ein Mensch für Jehova nur dann, wenn er all seinen Anforderungen entspricht, immer und stets (so gut wie dem armen unvollkommenen Menschen eben möglich) seine Gebote und Verbote befolgt, immer treu und loyal zu seiner Organisation steht, niemals seine Anweisungen anzweifelt oder bekritelt, sein gesamtes Leben der Organisation der Zeugen Jehovas widmet (denn alles andere wird ja vernichtet), fleißig die Botschaft Jehovas verkündet (Harmagedon kommt bald, nur die Zeugen Jehovas überleben das, kommt noch alle schnell dazu, bevor ihr vernichtet werdet!), die „Welt" (alles außerhalb der Organisation) meidet, seinen Fokus so gut wie möglich auf die „neue Ordnung" (das Paradies) hält und all seine Energie und Lebensausrichtung Jehova (sprich der Organisation) schenkt, das heißt, die Organisation in ihrem Wirken unterstützt wo nur möglich (so wirkt es freiwillig, denn Lebensenergie zapft die Organisation dem einzelnen Zeugen sowieso permanent ab, ohne dass der einzelne es merkt);

- Der Selbstwert der männlichen Zeugen Jehovas wird gestärkt durch die Möglichkeit, ein Dienstamt auszuüben (stärkt das Ansehen, Mann fühlt sich wichtig(er) (auch wenn JEDER, der ein Dienstamt ausübt, IMMER erklären wird, es ist ein besonderer Dienst für Jehova, und jedes Amt ist vielmehr ein *Dienen* als Status oder Ansehen);

- Der Selbstwert der weiblichen Zeugen Jehovas wird gestärkt durch die Bestätigung ihrer Männer (oder bei alleinstehenden Frauen der Ältesten ihrer Versammlung oder anderer Mitbrüder), dass sie dezent, still und unauffällig, keusch, zurückhaltend, demütig, unterstützend, freigiebig, bescheiden, großherzig, unaufdringlich, fleißig und dergleichen) sind und sich vorbildlich in den theokratischen Angelegenheiten einsetzen und verausgaben;

- Der Selbstwert der Kinder wird geformt durch Reduktion und Beschneidung ihrer natürlichen Anlagen (sofern sie für die Organisation nicht nützlich sind), das Indoktrinieren des Zeugen-Idealbildes, und überdimensionale Loben bei Entsprechung der Anforderungen, zB das „freiwillige" Mitgehen in den Predigtdienst. Weiters wird der Selbstwert des Kindes genährt mit Belohnung, wenn es den Regeln und Gesetzen der Eltern (die natürlich nur die Anforderungen Jehovas an ihre Kinder weitergeben) gehorchen, brav, still, dienstbereit und unterstützend sind und mit Bestrafung, wenn sie das nicht tun/sind.

Am verzerrtesten und verschobensten ist das Selbstbild und der Selbstwert von Kindern, die in dieser Organisation aufgewachsen sind (ich rede hier aus eigener, bitterer Erfahrung!), denn sie hatten niemals die Möglichkeit, zu erfahren, welche natürlichen Anlagen, Fähigkeiten, Neigungen etc sie haben. Der Weg zu sich selbst (man kann nicht mal sagen „zurück", denn sie waren nie bei sich selbst) ist bei solchen, wenn sie aus der Organisation aussteigen, ein sehr, sehr langer, verwirrender, schwieriger und oftmals entmutigender. Manche schaffen es nicht, bleiben hängen in tiefster Depression, andere begehen Selbstmord, wieder andere verfallen in Süchte ... es sind wenige, die irgendwann mal dann so richtig frei und beherzt ihrem wahren, ursprünglichen Wesen entsprechend leben.

Es gibt noch einige andere Punkte negativer Grundbewertung, aber das soll fürs Erste reichen.

Als Zeuge Jehovas übernimmt man diese Bewertung und bewertet sich sehr schnell selbst so. Jeder, der das anders macht, könnte kein Zeuge sein, denn dann würde er mit diesen Grundlehren nicht übereinstimmen. Bei all den Menschen, die ich innerhalb der Organisation der Zeugen Jehovas kennen gelernt habe, kenne ich keinen einzigen, dessen Selbstwert tatsächlich die Wertschätzung dessen ist, was er selbst, ursprünglich, ist, ohne Einverleibung dieser negativwertigen Grundlehren.

Welcher ist der Selbstwert nun bei solchen, die die Organisation verlassen? Besonders bei Hineingeborenen ist das krass zu sehen: ihr Selbstwert gründete sich bis dato auf Leistungen, die nach Vorgaben ausgeführt wurden, auf das Entsprechen vorgegebener Anweisungen und Anordnungen, auf Lob und Anerkennung aufgrund vollbrachter Übereinstimmungen mit den organisatorischen Richtlinien und auf das Ausleben des „selbsterarbeiteten Glaubens" (entsprechend der Lehrmeinung, der Auslegung und Interpretation der Leitenden Körperschaft, also niemals SELBSTerarbeitet!).

Was passiert, wenn beim Ausschluss dies alles wegfällt? Wo ist der Selbstwert dann?

Meinem Erleben und meiner Beobachtung nach ist die Indoktrinations-Strategie bemerkenswert geschickt, eigentlich brillant aufgebaut: es wird ein Idealbild als besonders wertvoll und als einziges für Jehova annehmbar vorgestellt, auf dem der einzelne Zeuge seinen eigenen Wert aufbauen kann. Dadurch lässt sich der einzelne die eigene, natürliche Achtung, Würde und Wertigkeit nehmen und er bekommt's gar nicht mit. Dann wird ihm ein total fremdbestimmtes, angeblich „höherwertiges" Idealbild als das einzig Wahre und Richtige geschenkt, das mit den Begriffen „Mut", „Liebe", „Freude", „Zufriedenheit", „Anerkennung", „Glückseligkeit", „Hoffnung", „Vertrauen" usw aufgebläht ist. Viel zu schnell gibt er den eigenen Willen, die eigenen Gedanken, Ziele, auch Gefühle, Wertvorstellungen und vor allem den Glauben an und das Vertrauen in sich selbst auf, denn an vielen dieser Begriffe ist man ja selbst schon mal in der Umsetzung selbst gescheitert. Nach Verinnerlichung dieses falschen Idealbildes ist man bereits äußerst manipulierbar, ohne es selbst zu merken. Und tatsächlich: man merkt's nicht, wenn man drin ist. Erst draußen, mit etwas Abstand, ist zu erkennen, was da vor sich geht – mit Erstaunen, größter Verwunderung und teilweise mit Entsetzen muss man realisieren, in welchem Sumpf man sich glücklich gefühlt hat und echt der Überzeugung war, am „richtigen" Weg zu sein.

Meinem Empfinden nach gehört es zu den größten Betrügereien, die am Menschen je begangen werden können: jemandem die eigene Selbstachtung und den eigenen Selbstwert zu nehmen, ihm ein fremdes Selbstbild als das einzig erstrebenswerte einzupflanzen, die Einverleibung und das tägliche Ausleben dessen mit ständig sich wiederholenden Anweisungen und Vorgaben zu nähren und ihn damit so weit von sich selbst zu entfernen, dass er leicht für die eigene Sache „einzusetzen" ist. Das ist Manipulation pur. So habe ich es sowohl an mir selbst als Zeuge erfahren als dies auch an vielen, vielen anderen gesehen, mit denen ich groß geworden bin. Jeder, der aus dieser Organisation aussteigt, kann diese Vorgehensweise bestätigen. Freilich legt sich niemand gerne mit solch einer mächtigen Organisation an, die eigene Rechtsanwälte betreibt und praktisch jeden verklagt, der öffentlich sagt, wenn er die Taktik und die Handlungsweise der Organisationsleitung anders erlebt als wie die Organisation sich selbst darstellt. Denn obwohl der Beweggrund der meisten Aussteiger das Wiedergeben der eigenen Erfahrung und des eigenen Erlebens ist, ohne die Absicht zu verleumden oder Böswilligkeit zu unterstellen, empfindet die Organisation solche Erlebnisberichte als Angriff auf ihr System. Klar, wenn Strategien dieser Art aufgedeckt werden, ist das für den Strategen keineswegs angenehm, denn andere könnten das ja dann auch durchschauen ...

Es ist aber auch eine sehr schwierige Angelegenheit. Denn die Organisation selbst erzählt ihren Anhängern, es wird alles mittels freiwilliger Spenden finanziert, niemand hat davon einen Vorteil, keiner bereichert sich dabei persönlich, es geht ausschließlich darum, dass Jehovas Königreich auf der ganzen Welt verbreitet wird und darum, dass so viele Menschen wie möglich gerettet werden. Das ist, was einem Zeugen innerhalb der Organisation erzählt wird.

Außerhalb der Organisation wiederum hört man ganz andere Geschichten und gibt es völlig gegenteilige Berichte: Die Organisation der Zeugen Jehovas gehöre zu den größten Grundstücksbesitzern und -händlern weltweit und sei milliardenschwer. Das bräuchten die Mitglieder aber nicht zu wissen, deshalb würde die Organisation geteilt sein: ein Teil ist nur für Glaubensangelegenheiten zuständig, der andere Teil für die Finanzen. Beide Bereiche würden auch nicht direkt zusammen agieren, was sich für die Organisation zB in Gerichtsverfahren positiv auswirken würde (eine weiß von der anderen nichts). Das ist, was jemand außerhalb der Organisation erfährt.

Es gibt noch sehr, sehr viele äußerst gegensätzliche Meinungen und Berichte, auch viel schwerwiegendere Bereiche betreffend wie schwarzmagische Handlungen, ritueller Kindesmissbrauch oder sogar -opferung. Der Zeuge innerhalb der Glaubensmauern glaubt den Ausführungen der Leitenden Körperschaft, der Ex- oder Nicht-Zeuge den Berichten außerhalb. Und was ist nun richtig, was spielt sich tatsächlich ab?

Ich weiß es nicht, ganz ehrlich gesagt. Und vielleicht kann das auch niemand wirklich ganz genau wissen außer der Organisationsleitung selbst, und wenn dem so wäre, läge die ganze Macht in ihren Händen. Aber möglicherweise ist es auch gar nicht so wichtig, zu erfahren, wie es wirklich abläuft. Was allerdings definitiv wichtig ist, und was ich sehr wohl beurteilen kann, ist, ob und was mir gut tut oder nicht. Ich kann selbst entscheiden, was ich glauben möchte und was nicht. Ob ich dafür verurteilt werde oder deshalb Anerkennung erfahre, ist im Eigentlichen ebenso unwichtig, denn wichtig ist in erster Linie, *dass ich mich SELBST (für) wahr nehme*. Wichtig ist, mich selbst zu spüren und aufgrund dessen zu entscheiden, was passend, „richtig" und wichtig ist für mich. Es gibt keine Wahrheit, die für alle gleich gültig ist, es gibt immer nur das, was für einen persönlich wahr ist, richtig ist und wichtig ist. Und wer sich selbst wertschätzt, weiß auch, dass es sehr wichtig ist, die Dinge, wie sie persönlich wahrgenommen werden, beim Namen zu nennen. Es ist ein wichtiger Aspekt des Selbstwertes, zu registrieren, wie es mir bei etwas geht, wie ich mich dabei fühle und wenn dies nicht passt für mich, dies auch direkt und offen zu sagen. Ob dem anderen das passt oder nicht.

Dies stellt weder Verleumdung, noch Anklage oder Anschwärzung dar, sondern ist lediglich eine Wiedergabe meiner Ansicht und Meinung, die ich mir aus Erleben, Beobachtung und Analyse erarbeitet habe. Es ist auch nicht die Wiedergabe fremder Ansichten, sondern ausschließlich meine eigene, und zudem stellt die Ausführung in dieser Buchreihe auch nicht den Anspruch auf (absolute) Wahrheit. (Dieser Anspruch darf der Organisation der Zeugen Jehovas vorbehalten bleiben.) Jeder Mensch hat das Recht, sich (s)eine eigene Meinung darüber zu bilden, und jeder darf selbst entscheiden, was er glauben möchte.

Mir ist sehr bewusst, dass alle Meldungen und Berichte, die die Zeugen Jehovas anders darstellen als sie sich selbst präsentieren, von allen aktiven Zeugen Jehovas als abtrünniges Gerede bewertet wird, und die allermeisten davon verneinen den Inhalt aus vollster Überzeugung. Ich weiß das, ich war selbst mal einer davon und war damals höchst schockiert darüber, wie ein Mensch so viel Boshaftes über „die Wahrheit" denken und sagen konnte. Wie 99,9 % der jetzigen aktiven Zeugen habe ich damals solcherlei Aussagen sofort abgelehnt, weil nicht wahr sein kann, was nicht wahr sein darf. Wie könnte ein Zeuge Jehovas aber auch jemals auf die Idee kommen, dass sich gewisse Dinge anders verhalten als die Organisation es lehrt bzw vorgibt, wenn er niemals die Erlaubnis dafür bekommt, selbst Nachforschungen anzustellen? Denn wenn ein aktiver Zeuge auch nur mit dem Gedanken an eigene Nachforschungen spielt, ist das schon Vergehen pur gegen Jehova und seine Organisation. Gibt denn das dem aktiven Zeugen nicht zu denken? ... Nein, war ja bei mir damals auch so, man wischt's einfach vom Tisch und verurteilt alles, was nur nach Abtrünnigkeit riecht, denn Satan, der Teufel, frisst ja alles, was man ihm zuschiebt ;-)

Dennoch geht es niemals immer nur um einen selbst oder um einen kleinen Teil, der sich vom großen Ganzen abgrenzt. Alles ist mit allem jederzeit und immerwährend verbunden, das ist meine persönliche Überzeugung. Und wenn alles mit allem verbunden ist, dann beeinflusst auch alles einander, das eine mehr, das andere weniger.

Wollen wir als Menschheit bewusster werden, dürfen wir auch lernen, ehrlicher miteinander umzugehen und uns trauen, offener zu werden. Und mutiger, wenn wir Dinge anders erleben als es uns weisgemacht wird, wenn Unstimmigkeiten in Lehre und Verhalten bestehen, wenn Anforderungen gestellt werden, die total gegen das eigene Wesen gehen, wenn die Würde des Menschen an sich missachtet wird usw ... anstatt uns durch Drohungen und Sanktionen die eigene Wertigkeit verdrehen und stehlen zu lassen.

Aber zurück zum Selbstwert: Welche Folgen haben der Betrug der falschen Selbstwahrnehmung und die Verzerrung des Selbstwertes auf den einzelnen? Welche Folgen hat es für solche, die die Organisation verlassen?

Kapitel 4:
DIE FOLGEN

Die Verzerrung des Selbstbildes hat gravierende Auswirkungen auf alle zwischenmenschlichen Interaktionen. Aber nicht nur das, sondern es hat fatale Auswirkungen auf die innere Zufriedenheit, das persönliche Glücksgefühl, das Erfülltsein im Leben, die Lebensfreude und im Endeffekt auf das Fließen der Lebensenergie selbst.

Wer sich nur dann wertvoll fühlt, wenn er fremdbestimmte Vorgaben erfüllt, jagt immer danach, Forderungen zu erfüllen. Er ist permanent im Tun, und immer wird es noch zu wenig und unzureichend sein. Dieses ständige Streben nach Mehr, nach der versprochenen Erfüllung, die aber nie eintrifft (nie eintreffen kann, weil die Anforderungen dem eigentlichen Mensch-Sein keinen Raum lassen, und die versprochene Erfüllung an die Erlaubnis, Mensch sein zu dürfen, gekoppelt ist), ist zutiefst frustrierend und entmutigend.

Besonders die Frauen in der Organisation sind davon stark betroffen, denn sie sind diejenigen, die immer für alles dazusein haben, ob das jetzt Familie, Ehemann, Versammlung, Mitbrüder sind ... von ihnen wird der reibungslose Ablauf des Alltages, das Wohlfühlen der Familie, die Gesundheit und das freudvolle Miteinander abhängig gemacht. Familiäre Disharmonie oder Unfrieden wird immer wieder der mangelnden Erfüllung der Rolle als Frau zugespielt, und diese Organisation ist nun mal streng patriarchalisch strukturiert. Aber zu sagen hat frau nie etwas, außer dass sie stilles und bescheidenes Vorbild im Schweigen und Dienen hat. Beschwerden sollte es ihrerseits nicht geben, und wenn doch, gibt es selten Ehemänner, die ihr

Anliegen wirklich ernst nehmen und für sie förderliche Maßnahmen setzen. Es gibt solche Männer, das darf auch gesagt werden, aber die allermeisten Männer bei den Zeugen gehören nicht dazu. Das erzählt mein Erleben.

Als Zeuge Jehovas sieht man an sich selbst sehr wenig Gutes. Die meisten hadern ernsthaft mit ihrer angeblichen Fehlerhaftigkeit und viele grämen sich, weil sie den gestellten Anforderungen nicht gerecht werden können. Die Selbstverurteilung und der Selbsthass sind unverhältnismäßig hoch, denn es wird immer nach höchster Vollkommenheit gestrebt.

Niemand kann in allen Bereichen immer vollkommen und fehlerfrei sein, deshalb ist es ein Auf und Ab, mit wiederkehrender Entmutigung und Frustration, aber das Streben ist immer da. Dieser Kreislauf ist zutiefst ermüdend für die Seele. Diese ständige Selbstablehnung in dem, was man ist, ist derart unnatürlich, dass viele Krankheiten daraus entstehen. Der Durchschnittszeuge wurschtelt sich so durch, mit Hoch-Zeiten (zB motivierende Kongresse oder Kreisaufseherbesuche) und Tiefzeiten, in denen manche bis zur Untätigkeit „glaubensschwach werden". Die Ältesten kommen dann und helfen einem wieder aus diesem geistigen Tief heraus, stärken den (falschen) Selbstwert und ermutigen (mit ewig wiederkehrend rezitierten Bibelstellen, die immer unterschwellig „du sollst" oder „du musst" beinhalten ... bis man eben wieder aufsteht und weiter macht.

Im Hintergrund läuft aber bei so gut wie jedem Zeugen das Programm ab „ich bin unwürdig, zu wenig, minderwertig, muss mehr tun" – dieses Programm macht niemals Pause und ist ausgesprochen kräfteraubend.

Solange man als Zeuge in der Organisation ist, wird es niemals möglich sein, das eigene Selbstbild dorthin zu korrigieren, wo man wirklich SELBST ist. Man wird den eigenen Selbstwert immer von Leistung und Tun abhängig machen und vom Erreichen fremdvorgegebener Ziele sowie eines vorgegebenen Idealbildes. Dadurch ist es selten möglich zu entdecken, welche besonderen Begabungen, Fähigkeiten oder Wesensmerkmale einem für dieses Leben gegeben wurden, zumal die meisten dieser besonderen Eigenschaften nicht zeugenkonform sind und schon entweder als Kind oder später dann ausgemerzt, unterdrückt bzw. abgetötet wurden.

Alles, was außerhalb des Wahrnehmungsbereiches der Zeugen ist, wie beispielsweise Aurasichtigkeit, Zugang zur geistigen Welt, besondere Verbindung zum Mineralienbereich, Traum- und Visionsfähigkeiten, besondere Feinfühligkeit (die Menschen oft fürs Kartenlegen zB einsetzen oder bei Geistheilung zur Anwendung kommt) etc, das alles wird den Dämonen und dämonischen Kräften zugeordnet und rigoros unterbunden und sanktioniert. Künstlerische Veranlagungen welcher Art auch immer werden meist als „unnötige Ablenkung" vom eigentlich Wichtigen wie dem Verbreiten der guten Botschaft des Königreiches Gottes (das heißt die Vernichtung dieser Welt [außer den Zeugen natürlich]) gesehen und selten gefördert.

Aneignung von Wissen mittels Studium und intellektuelle Begabungen werden reduziert, denn „man muss nicht studieren, um die Bibel zu verstehen". Wichtig ist, sich von der Leitenden Körperschaft führen und leiten zu lassen, selbst denken oder nachforschen ist weder erforderlich noch erwünscht. Man kommt dabei sowieso nur auf dumme Gedanken oder gar Irrwege. Es wird auch deshalb dringendst davor gewarnt, weil die meisten, die begonnen haben, selbst zu denken und zu forschen, in die Abtrünnigkeit gerutscht sind (warum wohl?) und diesen die zweite Vernichtung gewiss ist (aus dieser Vernichtung ist eine Auferstehung laut den Zeugen nicht möglich, bei allen anderen Todesarten schon). Diese Angst vor der Vernichtung ist für den Zeugen Jehovas allgegenwärtig und bestimmt viele seiner Entscheidungen. Leider.

Wie ergeht es nun einem, der aus eigener Entscheidung die Organisation verlässt, in seinem Selbstwert?

Kapitel 5:
VERSTEHEN UND ERKENNEN

Nachdem er mit dem Ausstieg jegliche Grundlage seines Selbstwertgefühls verloren hat, muss er sich seinen Selbstwert völlig neu erarbeiten. Es gibt nun niemanden mehr, der ihm vorgibt, was er zu denken, zu fühlen und wie er zu handeln hat. Auch was er zu glauben hat, ist nun nicht mehr vordefiniert, sondern kann er selbst frei aussuchen. Es dauert einige Zeit, bis er zu dieser Erkenntnis kommt, und wahrscheinlich noch länger, bis er das dann auch wirklich umsetzt, denn die Glaubens- und Verhaltensprägungen sind bei den Zeugen Jehovas extrem tiefschichtig. Viele sind verwirrt, was sie denn nun tun sollen, weil sie nur gelernt haben, zu gehorchen und Anweisungen auszuführen, anstatt selbst kreativ zu werden und seinen eigenen Weg zu (er-)finden und selbst zu gestalten. Viele Aussteiger haben mit dem Gefühl der Wertlosigkeit zu kämpfen, besonders wenn sie in diese Religion hineingeboren wurden, und es ist auch wirklich schwer, seine eigene Wertigkeit zu finden, wenn man nicht weiß, wer man ist, was man kann, welche Fähigkeiten und Eigenschaften man denn im Eigentlichen hat. Diese Phase, dies herauszufinden, ist besonders schwierig, und das ist auch die Zeit, in der man leicht einem neuen Guru folgt. Das Selbstvertrauen, nur sich selbst zu folgen, ist noch nicht erarbeitet (das ist dann der nächste Schritt), doch das geht nicht von heute auf morgen.

So befasst sich der Aussteiger mit diesem und jenem, untergründig immer auf der Suche nach *Wahrheit* – denn irgendeine Wahrheit muss es ja geben! Dass es nur die *eigene* Wahrheit gibt, und dass nur das relevant ist, was *selbst* als wahr empfunden wird, ist zwar der Weisheit letzter Schluss, aber der Weg zu dieser tief im Herzen empfundenen Erkenntnis ist zu diesem Zeitpunkt noch ein ziemlich langer. Aber immerhin, man ist auf dem Weg, und es heißt ja: der Weg ist das Ziel. Dem kann ich zustimmen, denn auf dem Weg zu sich selbst, zur Selbstverwirklichung, gibt es keine Abkürzer – so sehr sich das auch jeder Aussteiger wünscht!

Im Erarbeiten des Selbstwertes geht es großteils um Bewusstwerdung. Sich selbst verstehen und erkennen - was mag ich und warum, was lehne ich ab und wieso? Wie verhalte ich mich in welcher Situation, wie bewusst bin ich mir dabei, wie sehr spüre ich mich dabei? Welche Gefühle habe ich bei welchen Gedanken und umgekehrt? Wie spüre ich das im Körper?

Welche Wertigkeiten habe ich? Habe ich mir diese Werte selbst erarbeitet, oder von anderen übernommen? Wie sehr ist mein Bewertungssystem noch zeugenlastig? Wie bewerte ich mich selbst, nachdem ich nun frei von Vorgaben und Zwangverhalten bin? Schätze ich mich in allen Wesensaspekten, akzeptiere ich wie ich bin?

Wie geht es mir dabei, wenn andere mich bewerten? Bewerte ich andere? Wenn ja, wie? Schöpfe ich Selbstwert daraus, andere klein zu machen, oder mich über andere zu stellen oder mich besser zu machen als ich bin? Worauf gründet sich mein Selbstwertgefühl jetzt?

Kann ich mich wertvoll fühlen, auch wenn ich nichts tue?

Dazu gibt es viele, viele bewusstseinsfördernde Fragen, und auf die meisten davon kommt ein Aussteiger im Laufe der Zeit selbst drauf.

Ich kenne viele Ex-Zeugen, die unglaublich viel Energie darauf verwenden, anderen (Zeugen oder auch Ex-Zeugen) verstehen helfen zu wollen, dass das, was sie glauben (oder gelehrt werden zu glauben), nicht richtig ist, dass es darin eklatante Widersprüche gibt und das nicht der „richtige" Weg ist. Gleichzeitig aber spüren sie sich selbst nicht, wissen (noch) nicht, wer sie wirklich sind, kenne ihre Besonderheiten (noch) nicht und hadern noch mit der Organisation selbst, weil sie durch diese viel Schaden erlitten haben, ihr Leben zerstört wurde und und und. Anstatt jedoch ihre Energie auf ihre eigene Wiederherstellung, ihre Selbstachtung, ihren Selbstwert, ihr Selbstvertrauen, ihre Selbstliebe und schlussendlich auf ihre Selbstverwirklichung fokussieren, bleiben sie im Streit darin, wer Recht hat, hängen. Das ist schade, denn es bringt niemandem etwas, zu beweisen, dass irgendjemand was Falsches glaubt, Jesus eigentlich etwas anderes gesagt hat, die Schlussfolgerungen bestimmter Lehren nicht logisch oder korrekt sind und so weiter. Es ist nur das übliche Spiel „ich habe Recht, du hast Unrecht" – welchen Wert hat dies aber auf dem Weg der Selbstverwirklichung? Es verhärten sich nur die Fronten, man selbst verhärtet sich in der eigenen Einstellung, es wird Energie in Unwesentliches gesteckt und bringen tut's niemandem etwas außer dem Ego. Manche beziehen eben ihren Selbstwert aus der Belehrung anderer, ja, aber das ist zeugenmäßig. Und wenn ein Ex-Zeuge Jehovas so handelt, scheint mir das kontraproduktiv in höchstem Ausmaß. Es mag wohl eine Art Verarbeitungsmethode sein, aber ich habe noch bei keinem beobachtet, dass es ihm weitergeholfen hat. Im Gegenteil, jeder, der *seinen eigenen* Weg findet, hält sich aus solch rechthaberischen Diskussionen heraus. Denn jeder hat das Recht auf seine eigene Meinung, und es ist höchst anmaßend (ebenfalls zeugenmäßig), anderen sagen zu wollen, dass sie Unrecht haben und ich Recht habe in meiner Meinung. Die eigene Meinung, die eigene Ansicht wiegt niemals mehr als die eines anderen. Das ist nämlich genau das, was die Zeugen Jehovas meinen: wir haben Recht, alle anderen haben Unrecht. Warum ist ein Aussteiger, der so handelt, überhaupt ausgestiegen?

Wie dem auch sei, jeder darf tun und lassen was er möchte. Und jeder darf sich auch entscheiden, seinen Fokus auf seine Selbstverwirklichung zu legen und im Erarbeiten seines Selbstwertes großartige Fortschritte zu machen ☺

Die Gesundung des Selbstwertes wird offenkundig, wenn das Gefühl zu sich selbst ein durch und durch erfülltes, liebevolles und wertschätzendes ist, wenn die eigenen Macken und Abstrusitäten (jeder hat dergleichen!) *sein dürfen*, ohne sich dafür zu verurteilen, zu schämen oder zu bestrafen (ja, viele Ex-Zeugen haben ein Selbstbestrafungsprogramm laufen, das ihnen gar nicht bewusst ist! Jetzt, da niemand mehr da ist, um sie für „falsche" Dinge zu bestrafen, übernehmen sie unbewusst diese Rolle selbst – jeder, der mag, findet das aber mit der Zeit bei sich selbst heraus, oder erhält entsprechende Hinweise vom Therapeuten). Wenn es einem gleichgültig ist, was andere über einen denken oder sagen, und man sich dennoch wohl in sich selbst fühlt, dann ist schon ein großes Stück geschafft.

Viele haben Angst vor dem anderen Pol des Selbstwertes: der Selbstüberschätzung oder der Überheblichkeit. Deshalb halten sie sich vorsichtshalber zurück, denn übersteigerter Selbstwert ist so ziemlich das Letzte, das ein Ex-Zeuge leben will. Dennoch wird jeder, der sein gesamtes Potential ausloten und ausschöpfen will, kurzzeitig damit in Berührung kommen, und meinem Erleben nach ist das auch vollkommen in Ordnung so. Wer nur den einen Pol einer Sache/Eigenschaft kennt, muss auch den anderen Pol kennen lernen, um die Mitte zu finden. Wir leben in einer polaren Welt, alles hat sein Gegenstück, seinen Gegenpol: licht und dunkel, heiß und kalt, leicht und schwer, voll und leer ... glücklich und traurig, lustig und ernst, mutig und ängstlich usw - aber man muss beide Pole kennen, um die Mitte zu finden. Beim Selbstwert ist das genauso, wie auch bei allen anderen Empfindungen und Emotionen. Es ist also ok, gehört sogar meines Erlebens nach zum Prozess dazu. Es normalisiert sich mit der Zeit sowieso, es gibt also keinen Grund, Angst davor zu haben.

Ein wichtiger Bereich des Selbstwertes ist auch die Gewissheit: *ich bin es wert* (das zu erhalten, das zu besitzen, das zu erleben, Freude zu haben, glücklich zu sein, gut versorgt zu sein ... und was auch immer). Zeugen Jehovas lernen, sich Angenehmes und Wohltuendes zu versagen, sie verlernen, gut zu sich selbst zu sein, sich zu mögen. Der Gedanke, Gutes und Angenehmes *zu verdienen* (im Sinne von „es steht mir zu") ist für die allermeisten total befremdlich. Denn der Zeuge als armseliges menschliches Würstchen, das ohne die Vorkehrungen Jehovas nicht einmal lebensberechtigt ist, muss sich durch harte Arbeit und ständiges Streben und Tun das Lebensnotwendige verdienen, und selbst dann ist es ein Akt der unendlichen Güte Jehovas, ihm selbiges zu geben. Denn diese Güte Jehovas kann durch nichts (!) aufgewogen werden!

Wie abstrakt ist da der Gedanke, dass Wohlstand, gute Versorgung, Angenehmes, Schönes und Wohltuendes und Glücklichsein ein Geburtsrecht des Menschen ist und ihm das zusteht, weil er ist was er ist?!?

Aber auch das ist zu meistern, wenn es auch ein schwerer zu meisternder Bereich des Selbstwertes ist. Aber der Weg der Selbstfindung war und ist wohl selten ein einfacher!

Kapitel 6:
SICH SELBST ALS SCHATZ WAHR-NEHMEN

Wie behandelst Du ein schönes Stück [such Dir was aus], das es nur ein einziges Mal auf dieser Welt gibt und das in seiner Kombination von Eigenschaften einzigartig und unvergleichlich ist? Unbehandelt hat dieses Stück etwas Wildnatürliches, und in seiner Natürlichkeit ist es extrem faszinierend und ansprechend.

Wie würde sich Deine Wertschätzung dafür zeigen? Was wärst Du bereit, für dessen Pflege zu tun?

Dieses „Stück" bist Du. Du bist einzigartig in der Kombination Deiner Eigenschaften, Fähigkeiten, Begabungen, Fertigkeiten und Kenntnisse, und in dieser einzigartigen Wesensart kannst nur Du etwas ganz Bestimmtes in dieser Welt tun oder erreichen. Was das genau ist, kannst nur Du selbst wissen, und eines Tages – so Du es noch nicht weißt – wirst Du es erkennen.

Jeder Mensch ist solch ein einzigartiges, unvergleichliches „Stück". Was einen aber genau in dieser Unvergleichlichkeit und Individualität ausmacht, kann nur jeder für sich selbst erkennen. Das macht den Weg der Selbsterkenntnis ja so spannend und interessant, man entdeckt sich praktisch völlig neu! Bei Ausgestiegenen kommt noch diese individuelle und auf ihre Art ebenfalls einzigartige Erfahrung des Lebens innerhalb der Organisation der Zeugen Jehovas dazu. Auch wenn der Weg zu sich selbst danach (nach dem Ausstieg) manchmal lange dauert, ist das, was der Aussteiger nach und nach bei sich entdeckt, wirklich wie eine Schatzsuche.

Diese Einstellung hat mir sehr geholfen, besonders im Erarbeiten des Selbstwertes (ich bin hineingeborene Ex-Zeugin, mit 33 Jahren ausgestiegen). Anfangs war meine Einstellung zu mir selbst alles andere als positiv, ganz das Gegenteil: Selbstverletzungen aller Art, direkt und indirekt, Todessehnsucht, und alles was so dazu gehört. Als ich dann in einer tiefentherapeutischen Sitzung das erste Mal einen wirklich positiven Aspekt meiner selbst entdeckt hatte, kam mir erstmals das Bild einer Schatzsuche, und fortan begab ich mich in meiner Selbstentdeckung ganz bewusst auf eine solche. Damit veränderte sich meine Einstellung zu mir selbst, und der Gedanke der Schatzsuche half mir über so manche Entmutigung hinweg.

Heute weiß ich, dass es tatsächlich ein Schatz ist, den ich gefunden habe: nämlich mein eigenes, wahres SELBST.

Vielleicht sieht Dein Weg als Ex-Zeuge völlig anders aus, und Du hast andere Zugänge zum Thema „Selbstwert". Jedenfalls bist Du ziemlich sicher auch an Selbstverwirklichung interessiert, sonst würdest Du das jetzt nicht lesen. Eines Tages – wenn es bei Dir nicht schon so weit ist – wirst auch Du Dich selbst als Schatz wahrnehmen können, und das wünsche ich Dir von Herzen ♥

Kapitel 7:
DIE PFLEGE DES SELBSTWERTES

Ist der Selbstwert gesundet und ist die Einstellung sich selbst gegenüber wertschätzend, dann bedarf es – besonders für Aussteiger – der Achtsamkeit, sich nicht wieder in Situationen zu begeben, die einen den eigenen Wert absprechen möchte, oder sich länger unter Menschen aufzuhalten, die sich selbst nicht achten und schätzen, denn solche schätzen andere auch nicht. Menschen, die selber kein oder mangelndes Selbstwertgefühl haben, versuchen gerne, andere klein zu machen, damit sie selbst größer, gewichtiger, wertvoller, besser usw wirken. Vielleicht ist man selbst ja manchmal auch so, ohne dass es einem bewusst ist; Da gilt es einfach nur Verständnis zu haben und sich aus dem Wirkungsbereich desjenigen zu entfernen. Dazu hat jeder allemal das Recht.

Es wird immer wieder Situationen geben, in denen der eigene Selbstwert, die Wertschätzung von sich selbst, herausgefordert wird. Und das ist auch gut so, finde ich, denn so gibt es immer wieder sozusagen Prüfsituationen, die aufzeigen, wo in Sachen Selbstwert ich mich gerade befinde. Rückschläge und Selbstzweifel gehören zum Prozess, das ist normal, darf jedoch nicht überhand nehmen oder gar die Regel werden.

Wer sich mit seinem Selbstwert befasst, kommt unweigerlich zum Thema „Verzeihen". Oftmals ist die Wertschätzung der eigenen Person schon als Kleinkind durch familiäre Umstände und oder die nähere Umgebung verzerrt worden, und es tut dem Prozess der Selbstfindung äußerst gut, diese Umstände völlig aufzuarbeiten und großherzig (und ehrlich) zu verzeihen.

Das Verzeihen ist auch von Vorteil für jemanden, dessen Selbstbild durch religiöse Manipulation krass verzerrt wurde, wie es bei den Zeugen Jehovas oft der Fall ist. Es ist zwar wesentlich schwieriger, dieser Organisation zu verzeihen als den eigenen Eltern oder dem familiären Umfeld, jedoch fördert dies den Heilungsprozess und den inneren Frieden ganz erheblich. Es heißt nicht, dass mit dem Verzeihen alles ungeschehen gemacht wird, durchaus nicht. Aber Groll, Hass, Hadern, aktiver Unmut und alles in dieser Richtung ist für die eigene Klarheit und auch für die Gesundheit durchwegs hinderlich. Es ist in Ordnung, Derartiges zu empfinden und auch auszudrücken (ist sogar besser als es runterzuschlucken), aber dann darf es auch wieder vorbei sein. Ein Hängenbleiben in solchen Emotionen bindet nur noch intensiver an diese Organisation und ihre Energien, und als Ex-Zeuge will man sich ja davon lösen. Deshalb müssen auch die damit verbundenen Emotionen erlöst und gelöst werden.

Ein Motto, das mir äußerst hilfreich war, und auch jetzt noch ist, ist: ES IST WIE ES IST – MACH WAS DRAUS! (Diesem Motto ist im 5. Band zum Thema Selbstverwirklichung ein ganzes Kapitel gewidmet.) Jammern, sich selber und andere bemitleiden, einander und Vergangenes bedauern bringt niemandem etwas, sondern zieht einen nur tiefer in den emotionalen Sumpf. Wer sich selbst wertschätzt und achtet, übernimmt die Verantwortung für seine Situation zu 100 %, anstatt sie auf irgendetwas Erlebtes in der Vergangenheit abzuwälzen oder andere schuldig zu sprechen (zB die Eltern, die einen so aufgezogen haben).

Jeder Mensch kann in jedem Augenblick sein Leben neu beginnen, es ist immer nur eine Frage der Ausrichtung. Die aktuellen Gegebenheiten als Ist-Zustand akzeptieren, aber wissend, es ist alles zu ändern und es gibt immer einen Weg. Manchmal dauert es länger, eine Änderung herbeizuführen, und manchmal müssen wirklich gravierende Entscheidungen getroffen werden, aber es ist möglich. Ab und an sind Auswege nicht gleich zu erkennen, aber sie öffnen sich dem, der dranbleibt.

Jemand mit gesundem Selbstwert ist entschlossen, seinen *eigenen* Weg zu gehen, und wer diese Entscheidung trifft und umsetzt, dem zeigt sich das Leben immer wieder von einer ungeahnt hilfreichen Seite ☺

EPILOG

Als ich nach meinem Ausstieg aus der Organisation der Zeugen Jehovas begann, mich mit Psychologie zu befassen, stieß ich immer wieder auf Begriffe wie „Selbstwert", „Selbstliebe", „Selbstvertrauen" „Selbstwirksamkeit", „Selbstverwirklichung", „Selbstmeisterschaft" usw.

Ich wollte verstehen, wie der menschliche Geist funktioniert, wie Verhaltensmuster entstehen, warum Menschen auf die gleiche Situation völlig unterschiedlich reagieren, wieso ein Mensch manipuliert und ein anderer sich manipulieren lässt. Ich wollte verstehen, warum so viele echt kranke Psycho"spiele" zwischen den Menschen ablaufen und ich wollte erkennen, wo meine eigenen Psychoknacks sind. Wenn ich all das nämlich erkennen und verstehen könnte, würde ich über solchen Dingen stehen und keiner könnte mich jemals mehr dazu bringen, da irgendwo mitzuspielen.

Die *Selbstmeisterschaft* hat es mir damals angetan. Ich wollte unbedingt mein Selbst meistern, unter Kontrolle haben, vollständig und lückenlos beherrschen, so dass mich niemals irgendjemand manipulieren oder anderswie beeinflussen kann. Diese Vorstellung war so faszinierend für mich, dass ich alles mir Mögliche daran setzte, mich selbst zu meistern.

Ich las Bücher darüber, erforschte diverse Gurus wie Buddha, Zen-Meister, befasste mich mit Esoterik in all ihren Ausformungen, informierte mich über die grundsätzliche Magie und im Detail mit Schwarzer und Weißer Magie, verschlang Literatur über magische

Zirkel, Rituale, Zauberei, dann später mit Runenkraft, Tarot, Channeling, mit Geistführer, Geistheilung und mit allem, was sonst noch Aussicht auf Selbstmeisterschaft bieten könnte. Ich wollte alles wissen, alles können, alles verstehen, und dachte, wenn ich von allem etwas weiß, könnte ich leichter zuordnen, wenn irgendetwas geschieht. Es könnte mich nichts mehr überraschen, man könnte mir nichts mehr einreden, ich wäre Meister über alles Geschehen.

Tja, so hat meine kleine Welt damals ausgesehen ... aber es hat nicht so funktioniert wie ich dachte. Ich wusste jetzt zwar einiges über Themen, die in unserer Gesellschaft eher am Rand liegen, aber wirklich hilfreich war mir das im täglichen Leben nicht. Und im Ausstiegsprozess ebenfalls nicht, obwohl ich einiges davon irre faszinierend fand.

Ich brauchte lang, wirklich lang, bis ich draufkam, woran das lag. Viele Momente des Frusts und der Verzweiflung durchstapfte ich auf dem Weg zur Erkenntnis, und oft war ich kurz davor alles hinzuschmeißen und aufzugeben, mich wieder in die absolute Wertlosigkeit fallen zu lassen, alles anzuzweifeln, was ich bisher erreicht zu haben schien, einfach zu akzeptieren, dass ich der allergrößte Idiot auf dieser Erde bin und alles Streben nach Verständnis und Erkennen aufzugeben.

Aber irgendetwas in mir wollte nicht aufgeben und trieb mich an, weiter zu forschen. Mag es innerer Ehrgeiz sein, mag es sich „Überlebenswille" nennen, ich weiß es nicht, ist auch gleichgültig. Ich forschte weiter, und irgendwann, ohne dass es mir auffiel, begann sich ein Puzzle zusammen zu setzen, ein Verständnisteilchen neben das andere. Eines schönen Tages war bekam das Puzzle eine Form, die einem Muster, einer Kette glich, und ich begann aufzupassen.

Es gab Zusammenhänge und Überschneidungen der Begriffe, die das „Selbst" betreffen (Selbstwert, -liebe, -vertrauen usw). Und irgendwann erkannte ich dann zB, wie „Selbstachtung" und „Selbstwert" zusammen hängen.

Ich erforschte die Begriffe in Theorie und Praxis, in erster Linie freilich an mir selbst, aber auch beobachtend an anderen und sah im betreffenden Beispiel, dass die Wertschätzung des eigenen Selbst ohne Selbstachtung nicht möglich ist. Umgekehrt aber schon.

Oder die Zusammenhänge von „Selbstwert" und „Selbstvertrauen": um jemandem oder etwas (ver-)trauen zu können, muss erst eine gewisse Wertschätzung dafür oder für ihn vorhanden sein. Umgekehrt aber kann ich sehr wohl etwas oder jemanden wertschätzen, ohne diesem zu vertrauen. Und so ging es weiter.

Detail um Detail wurde klarer und ich hatte große Freude, als ich erkennen konnte, wie der Weg der Selbstverwirklichung aufgebaut ist – oder sein könnte. Ich will hier ja keine absolute Wahrheit draus machen, es ist meine eigene Erfahrung und mein individuelles Erkennen dieser Zusammenhänge, die ich hier wiedergebe.

Jedenfalls kam ich zu dem Schluss, dass einerseits *Selbstverwirlichung* ein echt sinnvolles Ziel im Leben eines Menschen ist (ich merkte erst einige Zeit nach dieser Erkenntnis, dass ich Selbstverwirklichung bereits zu meinem längerfristigen Ziel gemacht hatte), und andererseits, dass *erfolgreiche* Selbstverwirklichung einen logischen Aufbau hat:

1. Selbstachtung

2. Selbstwert

3. Selbstvertrauen

4. Selbstliebe

5. Selbstverwirklichung

Ich fand's begeisternd, das herauszufinden, und hätte ich das schon gewusst bei meinem Ausstieg, hätte ich mir mit sehr Vielem viel leichter getan.

Das bewegt mich dazu, diese Buchreihe zu schreiben, denn vielleicht ist da einiges für Dich, liebe Leserin und lieber Leser dabei, wodurch Du Dir auf Deinem Weg um einiges leichter tust. Und wenn nicht, dann habe ich zumindest jetzt meine Freude über dieses Verstehen mit Dir teilen können. Danke dafür ☺

In diesem Sinne ist der nächste Schritt auf dem Weg der Selbstverwirklichung meinem Verständnis nach das *Selbstvertrauen*, und das wird im Band 3 ausführlich behandelt.

Herstellung und Verlag:
BoD - Books on Demand, Norderstedt

ISBN 9-783752-886511